NI CLÉRICALISME POLITIQUE

NI DÉMAGOGIE

PAR

M. DE BONNAL,

EX-RÉDACTEUR DE *La Presse*.

—

PRIX : 1 FRANC.

—

POITIERS

CHEZ GIRARDIN, LIBRAIRE

PRÈS LA MAIRIE.

—

1871

NI CLÉRICALISME POLITIQUE

NI DÉMAGOGIE

PAR

M. DE BONNAL,

EX-RÉDACTEUR DE *La Presse*,

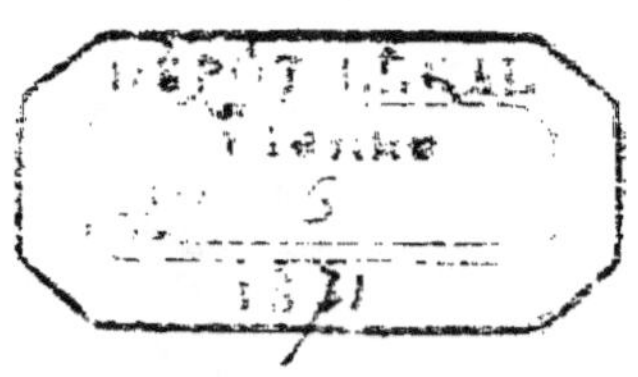

POITIERS

IMPRIMERIE DE N. BERNARD,

Rue de la Mairie, 5.

1871

Cette publication sera continuée jusqu'à l'organisation du journal libéral, que nous avons l'intention de fonder.

CARTES SUR TABLE

Le cinq février, trois jours avant l'élection, alors que la liste des candidats était arrêtée, je publiai une profession de foi dans le *Courrier de la Vienne*. On le comprend, par suite, cette façon d'agir avait moins pour but le succès d'une candidature que le triomphe d'une idée.

Sans décliner aucun risque, je profitais ainsi d'une occasion naturelle pour émettre mon senti-ment sur l'état actuel de la France, sur les moyens de couper court aux désastres présents de la paix ou de la guerre, sur la possibilité, enfin, d'opposer une barrière aux périls plus désastreux encore dont notre avenir social se trouve chargé.

Je n'hésitai donc point, sous la République et en pleine dictature Gambetta, cet impérial et audacieux arbitraire, à signaler la monarchie résolument libérale, mais résolument conservatrice, comme un remède souverain et contre les perturbations de l'intérieur, et contre les exigences de l'honneur mercantile allemand, avec complicité des jalousies européennes. Quant à la presque certitude de mon arrestation et de ses suites, je dus en prendre peu de souci, émancipé que j'étais d'avance pour le respect du devoir.

Le département va procéder à de nouvelles élections. Nous avons aujourd'hui le temps de réfléchir et de nous entendre. Qu'il nous soit donc permis de soumettre quelques observations au corps électoral.

Nous terminions notre article du cinq par ces lignes : « Que la France tâche de ne pas retomber dans l'un de ses écarts d'habitude. Elle se préoccupe toujours trop des personnes et ne respecte pas assez les principes. Serons-nous aujourd'hui plus sages ? L'histoire est la répétition incessante des mêmes faiblesses et des mêmes leçons sans enseignement ! »

Ce qu'il y a de triste, en effet, c'est que l'histoire, comme toute vie sur son déclin, n'est pour le penseur qu'une page découragée.

Que font presque toujours les électeurs autour de l'urne électorale ? L'institution a pour objet la société tout entière : la société avec la masse formidable de son activité matérielle et morale, de ses droits et de ses responsabilités, et nous votons sur des noms avec insouciance. Nous votons sur des positions, sur nos relations, sur des nuances de coteries, sur des services personnels espérés. Comme les principes ne s'appliquent qu'aux intérêts généraux, nul ne songe à s'enquérir des principes. Nous croirions presque manquer à ce que l'on se doit à soi-même, si nous usions du droit électoral en faveur d'une initiative étrangère à l'intérêt strictement privé.

Est-ce là un acte de conscience? Est-ce un acte de conservation et surtout de prévision prudente? Nos révolutions périodiques ont-elles une autre origine? Le socialisme, le communisme, la démagogie, en un mot, qui n'est autre chose que la misère aux abois, c'est-à-dire une plaie cherchant à se cicatriser, tous ces délires de la douleur naissent de ce premier pas dans l'ornière de l'ignorance, de l'égoïsme ou d'une froide apathie.

Tels électeurs, tels candidats, tels gouvernements. Qu'en résulte-t-il? Que la grande politique a disparu des hautes sphères gouvernementales et, avec elle, l'homme d'État; qu'elle a été remplacée par la fragile politique des expédients; que le Pouvoir, préoccupé de chacun, vit dans l'oubli de tous; que la vulgaire question des majorités numériques devient sa périlleuse sauvegarde; que le soin de l'esprit public, qui n'est pas une affaire de nombre et son émanation, ne compte plus dans ses visées; que les choses de forme, en pratique administrative, c'est-à-dire la légalité, le droit stricts, l'emportent sur les choses de fond; que, de même qu'un nom et une position font une candidature, un nom, un simple mot soit de république, soit de socialisme ; en d'autres termes, un absolutisme comme un autre, soulèvera les masses bouillonnantes, alors que derrière l'écriteau on pourra lire : à peu de chose près, tous les gouvernements se ressemblent.

Il en résulte enfin que l'autorité, à l'égal des simples citoyens, ne consulte plus que son intérêt personnel et fait d'elle-même, de l'accessoire le principal, jusqu'au jour où la puissance des principes fondamentaux de toute société faisant explosion, les peuples rentrent, pour quelques heures de duperie, en possession de leurs droits. Il existe alors un éclat révolutionnaire de plus, avec d'enthousiastes espérances. Celles-ci, et c'est tout, préparent de nouvelles déceptions, avec la démoralisation croissante qui résulte toujours des mécomptes populaires.

C'est ainsi que, tous les quinze ou vingt ans, les intérêts généraux de la nation sont mis en péril par nos crises périodiques. Nous en revenons matériellement ; mais le doute politique pénètre chaque fois davantage au cœur des masses déshéritées, et, le jour où les populations rurales seront descendues au niveau des classes urbaines, qu'elles exagéreront, n'en doutez pas, les faits se chargeront de nous faire comprendre le total définitif d'addition des mystifications révolutionnaires passées.

A qui la faute ? Est-ce aux gouvernements ? Est-ce à la représentation du pays ? Non. La faute est au pays lui-même, au pays électoral plutôt ; car, par malheur, si la forme a changé, le fond n'a pas varié, et les anciens censitaires, avec adjonction des capacités, conduisent tout plus que jamais, ayant le suffrage universel pour doublure.

Si donc nous voulons la stabilité, une stabilité progressive, la seule qui réalise des progrès sérieux, que les meneurs, le pays légal, que l'aristocratie du suffrage universel se réforment avant tout.

La réforme des institutions, les divers modes politiques, avec des appellations plus ou moins fantaisistes, couronnés par des dynasties, des présidents, des communes tant bien que mal démagogiques, tous ces prestiges seront de nul effet, tant que le principe immuable de toute impulsion, le peuple, ne se sera pas élevé moralement au niveau de sa mission.

Or, il faut le dire, parce que là et là seulement est le vice originel : un grand principe moral manque au monde moderne ! Cette lacune ne saurait être remplie par rien et rien, si ce n'est la croyance, ne saurait lui être substitué.

Heureux ceux qui possèdent une foi ! foi catholique, foi protestante, foi juive même ou musulmane ; mais enfin une foi profonde, efficace et sans hésitations. Le point capital, c'est de croire !

Le mérite privé de chaque croyance ne regarde que ses croyants. Nous n'avons à nous enquérir, nous, les hommes de la politique, que des rapports de l'homme de foi avec l'ensemble de la société. Il importe à celle-ci d'avoir affaire, non à des maté-

rialistes, mais à des caractères religieux. Ce qu'est
la religion en elle-même, n'est point de notre fait ;
mais ce qu'est l'homme d'une religion, ou d'une
négation philosophique quelconque, intéresse avant
tout l'ordre social qui, avant tout, doit s'en préoccuper.

Ceux qui ne possèdent point une croyance, et leur
nombre aujourd'hui est effrayant, doivent la con-
quérir par la science ; car, nous ne cessons de le redire
depuis l'âge de vingt ans, et contrairement à l'esprit de
l'enseignement scientifique moderne, savoir, savoir
peu ou beaucoup, mais bien savoir, c'est croire !

En l'absence d'un principe moral de vie, dans la
société, absence d'abnégation, de dévouement, de
sentiments généreux, de résignation, de vrai courage, de travail lent et fructueux, d'ordre, d'éco-
nomie féconde, de stabilité pour la famille, de lien
d'étranger à étranger ; beaucoup d'esprit de surface,
vide absolu du cœur, escroquerie légale, portant le
front haut, en face même du gendarme ; effacement
surtout des nobles et forts caractères, qui sont à la
société civile et politique, ce qu'est la conscience
pour la direction privée des individus.

Depuis bien des années, nous ne cessons d'agir
sur cette corde, qui vibre dans le vide. Une frac-
tion des meneurs du suffrage universel, cette aristocratie démagogique, qui s'adresse au peuple des fau-
bourgs, ne remuant en lui que des passions de
barrière, prétend que les croyances sont chose pué-
rile, et qu'il suffit au citoyen moderne, remplaçant

l'ancien sujet, des sentiments de la conscience et de la loi du devoir.

Le devoir! la conscience! mais, sans foi morale, la conscience et le devoir, pour peu qu'on raisonne avec logique, ne sont que de sauvages instruments de mutilation. Sans croyances, il n'y a de rationnel que le matérialisme le plus effrontément audacieux. Or, comme nous l'écrivions au début de notre carrière, à l'âge presque de l'enfance : « Le matérialisme, logiquement, c'est l'égoïsme ; l'égoïsme, c'est l'amour de soi, la négation d'autrui et, par suite, la dissolution sociale. »

Qn'est-ce que la conscience ? L'effacement de soi devant la justice suprême. Qu'est-ce que le devoir ? Les droits de cette justice sur cet effacement. Or, le devoir et la conscience de l'incrédule, de celui qui n'a foi qu'en la vie présente, c'est de remplir ce présent sans retour, sans retour ! qu'on y songe, c'est de le remplir à pleins bords de soi-même, de soi seul et d'y déborder ses passions de manière à ce qu'il n'y reste, en dehors d'un moi absolu, rien pour autrui, ce mortel ennemi d'un individualisme sans partage.

Agir différemment, serait illogique et puéril, c'est bien ici le cas de le dire, et il faudrait n'avoir pas le courage et le cynisme de ses principes pour faire de la vertu dans le vice.

Nous voyons les masses effarées, non-seulement en France, mais partout ailleurs, ne viser d'autre but, par un travail opiniâtre et la plus sordide éco-

nomie, que l'achat de terres et de valeurs indus-
trielles.

Le travail sensé et une sage méditation mènent à
Dieu plus sûrement encore, c'est-à-dire à la domi-
nation de soi et des événements, à l'opulence matérielle et morale, et ces mêmes masses craindraient
de perdre un temps précieux, si elles ouvraient ainsi
à l'âme humaine de nouveaux horizons en dehors de
l'horizon terrestre.

Eh bien ! vous ne ferez jamais de grands politiques ; vous n'obtiendrez de véritables citoyens ;
vous ne constituerez solidement la société, que par
une inébranlable foi en Dieu, que par le sentiment
si viril, si fécond, si humblement fier d'une autre
vie. Mais, tant que les hommes n'engageront dans
l'ordre social que la moitié de leur nature, leur
écorce, leur seule animalité, vous ne réaliserez
qu'une agrégation animale, avec des instincts pour
conscience et la force pour devoir.

Si, aujourd'hui, une conscience apparente et une
apparence de devoirs subsistent encore, c'est par
suite du respect humain résultant de la forte em-
preinte d'une éducation chrétienne. Mais, en pratique, la logique de notre matérialisme tend à s'imposer et quelle est sa première conséquence? La
constitution légale d'une indépendante individualité.
L'individu libre, voilà ce que demandent, sur tous
les tons, la littérature, la philosophie, les politiques avancés.

On ne parle que liberté, même dans les cercles

conservateurs des sphères officielles. D'égalité, il
en est peu question et, cependant, c'est surtout d'égalité dans les relations sociales, celles qui mettent
en contact usuel et journalier les caractères et leurs
fiertés les plus légitimes, c'est surtout d'égalité
mondaine que la France est avide. Elle a raison ;
car, en ce qui concerne la liberté, nous demandons
en quoi elle nous fit jamais défaut depuis cinquante
ans ?

Enfin, qu'entend-on par liberté ? La démocratie,
le socialisme, les monarchistes eux-mêmes ; car
toutes ces écoles se copient plus ou moins et médi-
tent fort peu, prétendent que la liberté, c'est le
droit d'aller et de venir ; de nommer ses maires, de
parler comme aux halles, au lieu de discuter comme dans les salons, entre gens bien élevés ; de se
réunir pour fomenter des émeutes, sous couverture,
en attendant qu'elles éclatent dans la rue, après avoir
introduit l'ivrognerie des idées les plus saugrenues
dans les cerveaux.

La liberté réelle, ce n'est point cette anarchie : elle
naît de la croyance. C'est celle qui, avant tout, vous
rend indépendant de vous-même ! Qui est libre de
soi, est hors d'atteinte de tout despotisme, soit du
trône, soit de la rue ; soit de ses semblables, soit
surtout de ses propres passions et de ces vices, qui,
à l'heure présente, ont frappé au cœur la dignité
nationale du premier peuple du monde.

La liberté que nous voulons voir naître d'une foi,
est la vraie liberté, la liberté invincible, la liberté

incorruptible. Avec celle-la vous possédez toutes les libertés, et il n'en est pas une seule dont vous ne soyez dignes.

La puissance du matérialisme ou de la négation gît dans l'action du désespoir. Le pouvoir de la croyance réside dans la droiture d'une inflexible volonté. Entre la volonté et le désespoir, dans les actes de la vie privée comme de la vie politique, il y a l'espace qui sépare ce qui avance de ce qui recule. Aussi, aujourd'hui, dans la vie politique, comme dans la vie privée, la fatalité a-t-elle remplacé la providence.

Il y a, dans l'ordre des choses qui sont, trois données que le penseur recueilli trouve écrasantes. L'espace et la durée, quelle toile et quel cadre! Deux infinis ineffaçables! A quoi bon? Pour quelle utilité? Pour un tel canevas, quels ne doivent pas être les dessins? C'est la vie qui les réalise. Qu'elle invention! l'opposé de ce qui n'est pas. C'est la vie émanant d'une existence éternelle; car, si elle n'avait duré toujours, de qui eût-elle pu naître? Et, si elle n'existait point, qu'est-ce qui serait né?

La vie créée, qu'encadrent trois infinis, dérogerait donc à l'essence immortelle qui la conçoit et dont les plans doivent se ressentir de sa nature éternelle, si elle n'était, en résultat final, qu'une bouffonne succession de berceaux et de tombes. Appelleriez-vous cela un but sérieux? L'infini peut-il ne pas s'en proposer un? Est-ce par une négation qu'il procéderait à une affirmation? Nous ne faisons rien, nous, sans viser à un résultat. Est-ce que Dieu, selon vous, nous serait inférieur ?

Dieu, l'âme, une autre vie découlent de cette simple logique, qui nous ouvre à deux battants les portes d'une autre existence, comme la foi religieuse rend visible pour le chrétien son impérissable destinée.

La science moderne, celle surtout de l'enseignement, lève-t-elle parfois les yeux sur un tel point de départ et sur les conséquences qu'il conviendrait d'en déduire dans l'intérêt de l'ordre social?

En résumé, pour cette première partie de notre sujet, le matérialisme des cœurs et des esprits, en Europe, prononçait, il y a quelques jours, son dernier mot. Il causera un profond dégoût à l'histoire : rien de plus impudique, en effet, et de plus effrontément scandaleux.

Ne parlons pas de la guerre qui vient de finir. Cette guerre, comme toute guerre, est quelque chose d'immonde. La France, la Prusse; la Russie comme l'Angleterre, dans leurs campagnes et sous l'influence de l'enivrement des succès de la force brutale, ne valent pas mieux les unes que les autres. Les vainqueurs ont toujours été magnanimes dans leurs actes les plus sauvages; les vaincus se plaignent toujours, même de la magnanimité de leurs adversaires. Là n'est pas pour nous la question.

M. de Bismark, un matérialiste, fait de la rouerie politique : c'est son rôle. Dans ce rôle, il est un grand logicien.

M. de Moltke, un matérialiste, substitue à l'homme, dans les batailles, la science mécanique la plus raffinée, et bat ses ennemis avec des machines, comme les machines ont battu les bras dans l'industrie ; c'est son rôle. Dans ce rôle, il a été, comme M. de Bismark, un logicien implacable. —

Mais il est bon de dire que ces deux personnalités, ou plutôt que ces deux principes de la négation du matérialisme moderne, ont porté à son expression dernière le doute sur le courage humain, la peur de la mort, la méfiance contre l'honneur national de leurs propres soldats, en substituant à cet honneur, en substituant à ce courage la science mécanique ; en opposant des machines, la force aveugle et fatale à la valeur consciencieuse et chevaleresque de leurs ennemis.

Et, maintenant, disons-le avec le calme menteur d'une conscience humaine révoltée, ne parlons pas de la guerre. Il s'agit pour nous de ce qui fait juger les hommes et les nations. Parlons de la paix.

Eh bien ! cette paix est une déclaration de guerre ! Déclaration de guerre à la France, déclaration de guerre à l'Europe, déclaration de guerre au monde, puisque la Prusse déclare une guerre à mort à la morale humaine et divine.

Une ombre, près de s'éteindre : le roi de Prusse, un dévôt protestant, surgit derrière ses deux ministres et dicte un traité de paix. Nous l'avons lu attentivement, et non sans une douleur poignante ; car, pour nous, il n'est ni français, ni prussiens ; ni anglais, ni russes; il n'est que des hommes sortis de la main de Dieu. Tout ce qui abaisse le caractère originel de l'homme nous froisse.

Or, ce traité, la suprême hypocrisie de la dévotion et de l'impiété, après une guerre de nation à nation n'est que le contrat usuraire d'un trafiquant du Bas-Empire !

Ainsi vient de finir la gloire militaire de la Prusse, qui n'est qu'un accident, et l'Europe rampe sous les bottes de ces corsaires éperonnés ! Et le Président des États-Unis, président d'une république, apporte ses hommages au vainqueur féodal d'un régime républicain. C'est dans l'ordre des choses : matérialisme ? immoralité !

Un mot encore, mot de tristesse, puisqu'il est contre nos principes. La France est au-dessus de toutes les nations dans le bien comme dans le mal. Elle pousse l'amour du beau jusqu'à la duperie. Ses lauriers lui coûtent toujours plus cher qu'ils ne valent; mais, lorsqu'on excite en elle les sentiments mauvais, rien ne la surpasse. Vous avez voulu la déshonorer ? La vengeance, ou plutôt la réhabilitation devient pour elle un devoir, et, avant dix ans, le Rhin nous servira de frontière !

Mais, la première des conditions pour réaliser le succès, c'est d'incarner en nous la première des forces, qui est et qui sera toujours, en toutes choses, la puissance morale.

M. DE BONNAL,

Ex-rédacteur de *La Presse*.

L'article qu'on vient de lire était destiné au *Courrier de la Vienne*, journal parfaitement rédigé, habilement conçu, et l'un des mieux faits, sous tous les rapports, des journaux de province.

Nous venions de nous prononcer naguère pour la monarchie libérale, contre la république anarchique. Nous avions demandé la fusion des deux branches Bourboniennes, réclamant pour le pays son droit incontestable de se prononcer entre elles. Nous cherchions, par suite, à grouper, en un seul faisceau, légitimistes et orléanistes, le droit divin et le droit parlementaire, le cléricalisme et le libéralisme.

Nous supposions que les attitudes absolues et, par contre, exclusives des cléricaux et des libéraux, n'étaient plus de saison ; qu'au point de vue politique, comme au point de vue social, et, faisant abstraction des convictions religieuses privées, qui ne regardent personne, ces deux fractions nationales devaient s'unir pour ne former qu'un tout : d'autant plus, qu'aucune de ces deux catégories ne peut croire, évidemment, qu'elle possède, sans partage, la vérité universelle.

Il n'y a que du relatif ici-bas. Vérité relative en politique, vérité relative en religion. Tout échelon qu'on monte, dans le progrès, produit aussitôt un relatif nouveau. Ce qui est vrai pour un temps est faux ou, dans tous les cas, insuffisant pour l'autre. C'est ainsi que tout passe et que les vérités mathématiques seules surnagent sans cesse.

Notre tentative a échoué. L'on vient de lire notre article. Qu'on le juge avec la réponse ci-après.

M. H. Oudin fils, rédacteur en chef du *Courrier de la Vienne*, un jeune homme d'un grand talent et d'une maturité qui surprend à son âge, nous a adressé la lettre qu'on va lire :

Monsieur,

Obligé de partir cette nuit pour Bordeaux, j'ai examiné ce soir, avec toute l'attention que comportait la gravité du sujet, votre remarquable étude sur les besoins de notre moralisation nationale. J'en ai admiré tous les aperçus nouveaux, profonds, sagaces, mais ainsi que je vous l'ai dit aujourd'hui, l'éclectisme que vous admettez, au point de vue de la morale, en matière de croyance, ne saurait être accepté de nos lecteurs, et c'est là un point capital de votre travail. Par suite de cette divergence de vues, qui ne permettait pas la publication dans le *Courrier* de votre article, je n'ai pas voulu vous imposer une charge inutile, en le livrant aux compositeurs, et j'ai l'honneur de vous le renvoyer, en vous exprimant tous mes regrets de ne pouvoir lui donner l'hospitalité de nos colonnes.

Veuillez agréer, Monsieur, l'expression de mes sentiments distingués.

H. Oudin.

M. Oudin nous dit que : « L'éclectisme que nous admettons, au point de vue de la morale, en matière de croyance, ne saurait être accepté de ses lecteurs, et que c'est là un point capital de notre travail. »

Qu'est-ce que cela signifie ? Cela signifie que M. de Bonnal reconnaît à toutes les religions une saine morale, et que toutes les religions sincèrement et loyalement pratiquées engendrent des citoyens vertueux. C'est bien nous juger, en effet, nous et notre article, car c'est là, franchement, ce que nous pensons.

Mais, allons plus loin ; nous n'eussions pas répliqué, si un intérêt majeur ne nous en eut imposé le devoir.

Que signifie encore la réponse de M. Oudin ? Elle signifie que le catholicisme est seul en possession de la vraie morale, et que, par contre, il peut seul former de véritables citoyens.

C'est au moment où nous tous, en France, nous demandons la fusion de deux dynasties et de leurs deux partis, que ce langage est tenu ?

Du reste, le *Courrier* a raison ; pas de situations équivoques. Il tranche, tranchons-nous. Libéraux et cléricaux se compteront ensuite.

Nous le déclarons, si le parti légitimiste entre dans la voie du *Courrier de la Vienne*, le parti orléaniste ne saurait l'y suivre. Le parti orléaniste, celui qui puise sa tradition dans le gouvernement libéral et si tolérant de 1830, perdrait sa raison d'être s'il arborait avant tout un drapeau religieux. Ce qui fait sa force, ce qui provoque son retour, ce qui lui vaudra les neuf dixièmes des suffrages de notre nation ; ce qui le rend si populaire, c'est qu'en religion, il n'est ni exclusif, ni absolu, et qu'il accepte la morale et les citoyens honnêtes de quelque main qu'ils lui viennent.

Et que le parti légitimiste y songe ; mais, il ne nous croira pas, parce qu'étant franchement et loyalement convaincu, il doit être par suite carrément exclusif et absolu ; cependant, il faut le dire : le cléricalisme politique est tout aussi antipathique en France, que le socialisme démagogique.

Le jeune rédacteur du *Courrier*, qui possède une foi catholique profonde, qui ose l'avouer, et nous l'en félicitons hautement, parce qu'une foi et son courage sont choses saintes, le rédacteur en chef du *Courrier*, qui doit être logique, avouera, par suite, que le retour d'Henri V serait, comme sous la Restauration, le retour des billets de confession pour obtenir la moindre faveur du Pouvoir.

Dans l'intérêt, dès-lors, de la paix à venir, tâchons d'organiser notre département de manière à ce que le libéralisme orléaniste l'emporte désormais dans les élections. Et comme nous ne voudrions pas qu'on pût croire que nous préparons ainsi une porte ouverte à notre intérêt personnel, notre candidature est dès ce jour supprimée. Nous lutterons de la sorte avec plus d'indépendance dans les publications qui vont suivre cette première sortie.

Un mot encore ; car il faut se prémunir contre certaines éventualités.

Il paraîtrait que la branche aînée et la branche cadette des Bourbons tendent à se réconcilier en vue d'une restauration ; mais on ajoute que, d'après ces arrangements de famille, M. le comte de Chambord conserverait ses droits au trône, et que ceux de M. le comte de Paris n'interviendraient qu'à l'extinction des premiers.

Le droit divin s'imposerait donc au suffrage universel? Il en est la négation. Si le droit national n'est pas omnipotent en ces matières, pourquoi le serait-il pour d'autres? A quel titre réclamerions-nous le gouvernement du pays par le pays? Le droit divin entraîne à un absolutisme, à un pouvoir autoritaire, ou il n'est pas le droit divin. Comme il se fonde, il administre. S'inaugurant de lui-même, vous n'avez à lui dicter aucune loi. Nous voilà, par suite, lancés de nouveau dans les aventures du gouvernement autoritaire, et toutes les réserves que vous pourrez introduire dans une constitution, seront et devront être réduites à néant par la logique des principes.

Le suffrage universel n'a point à se préoccuper des convenances de famille. Il est souverain. Il n'est pas même lié par les droits héréditaires. Ces droits existent entre les candidats; mais ils n'engagent en aucune manière la nation, qui peut et doit choisir librement entre eux, selon leur mérite et les garanties personnelles présumées.

En face du suffrage universel, nous ne reconnaissons donc ni à M. le comte de Paris, ni à M. le comte de Chambord le droit de prendre possession du trône de France, soit par droit divin, soit par droit héréditaire. Ils n'ont pas plus de titres à faire valoir que les Prussiens pour s'emparer de l'Alsace et de la Lorraine.

Le suffrage national conserve donc toute sa latitude, et il doit se la réserver. Si, dans les frères du duc d'Orléans, il rencontre une personnalité qui lui offre des garanties supérieures à celles des autres princes, qu'il n'hésite pas à proclamer que, de notre temps, la souveraineté d'une nation est le premier des principes sociaux.

M. DE BONNAL.

L'Isle-Jourdain, 7 mars 1871.

POITIERS. — IMPRIMERIE DE N. BERNARD.

www.ingramcontent.com/pod-product-compliance
Lightning Source LLC
Chambersburg PA
CBHW050806070726
47595CB00015B/2982